TOP CUISINE

MÉZÉ, TAPAS ET ANTIPASTI

FIOREDITIONS

Sommaire

Les ingrédients de base

BOCCONCINI

Le bocconcini est un fromage frais, non raffiné. À l'origine, il est fabriqué à base de lait de bufflonne mais il est aujourd'hui le plus souvent fait avec du lait de vache. On l'appelle souvent la mini-mozzarella et on le conserve dans le petit-lait pour qu'il reste bien humide. Le bocconcini se conserve jusqu'à 2 ou 3 semaines au réfrigérateur. Changer l'eau tous les deux jours.

BOULGOUR

Aussi connu sous le nom de blé concassé, le boulgour est constitué de grains de blé dont a enlevé le son. Il est cuit partiellement à la vapeur, puis concassé. C'est un produit de base au Moyen-Orient et il demande une cuisson très courte ou juste un simple trempage. On le trouve dans des moutures plus ou moins fines.

CÉDRAT

Le cédrat est originaire d'Inde, et s'est répandu dans tout le Moyen-Orient et en Asie durant la haute Antiquité. Il ressemble à un gros citron, avec une écorce très épaisse et une pulpe sèche avec un goût légèrement amer. On le cultive essentiellement pour son écorce épaisse qui est confite. On trouve le cédrat dans les épiceries fines.

COUSCOUS

C'est un produit de base en Afrique du Nord, particulièrement au Maroc et en Algérie. Le couscous est une céréale transformée faite d'un mélange de semoule de blé et de farine, mouillé, pressé puis roulé. On l'utilise comme on utilise le riz en Asie – riche en glucides complexes, il accompagne la viande ou les plats végétariens. On trouve du couscous instantané dans les supermarchés. Il cuit en 5 minutes dans l'eau bouillante.

FETA

C'est un fromage doux, conservé dans la saumure, ce qui lui donne son goût salé caractéristique. Elle tient son nom du mot grec *fetes*, qui signifie morceaux ou tranches. C'est en effet sous forme de petits morceaux qu'elle est conditionnée dans la saumure. C'est le fromage le plus connu des fromages grecs. À l'origine, elle est confectionnée à partir de lait de brebis ou de chèvre. Son succès a conduit à la fabrication dans certains pays d'Europe de fromages de type feta avec du lait de chèvre ou de brebis, et même de vache. La texture et la saveur de ces fromages ne ressemblent bien sûr plus à la feta grecque. On la trouve aujourd'hui facilement, alors privilégions l'authenticité.

HALOUMI

C'est un fromage salé du Moyen-Orient, et plus particulièrement de Chypre, confectionné à partir de lait de brebis. Son nom laisse à penser qu'il vient d'un très ancien mot égyptien, *ialom*. La pâte est portée à ébullition dans le petit-lait, puis égouttée, salée et affinée dans la

FETA

HALOUMI

HALVA

saumure, parfois épicée. On le fait le plus souvent griller ou frire pour le déguster en salade ou sur du pain.

HALVA

C'est un dessert du Moyen-Orient avec de nombreuses variantes, mais il est le plus souvent confectionné avec des graines de sésame concassées, du sucre et du glucose ou du miel. Aromatisé de noix, de fruits ou de fruits secs, de chocolat et d'épices, il se présente sous la forme de tranches individuelles. On l'appelle également *halawch*.

KEFALOTYRI

C'est un fromage grec très dur à la pâte jaune pâle, à base de lait de brebis ou de chèvre bouilli et salé. Il ressemble un peu au parmesan. On l'utilise différemment selon son âge. Jeune, il est utilisé comme fromage de table ; à six mois d'affinage, on l'utilise dans la cuisine, surtout frit, et quand il est plus affiné, il est excellent râpé. On peut le remplacer par du parmesan ou du pecorino

LENTILLES

Originaire du Moyen-Orient, c'est un légumes aux multiples variétés, dont les rouges, les vertes et les brunes ne sont que les plus courantes. Les lentilles n'ont pas besoin de tremper avant utilisation mais doivent être rincées pour que toute impureté soit éliminée. Les lentilles contiennent beaucoup de protéines (25 %) et peu de graisse, c'est pourquoi elles sont un élément important de tout régime végétarien. Les lentilles vertes et brunes sont souvent mélangées et peuvent se substituer les unes aux autres.

GOMBOS

Originaire d'Afrique, ce légume vert qui a un peu la forme d'un piment est très populaire dans l'est du Bassin méditerranéen. On lui donne également le nom d'okra, un nom très populaire aux États-Unis. Le caractère gluant de sa texture peut être atténué avant la cuisson par le trempage dans le jus de citron et l'eau salé. Il est cependant un très bon liant dans un plat. On trouve les gombos frais ou en boîte. S'ils sont en boîte, il faut les rincer soigneusement.

PANCETTA

Ingrédient important de la cuisine italienne, la pancetta est du lard non

GOMBOS

KEFALOTYRI

LENTILLES

PANCETTA

PARMESAN

PECORINO

POLENTA

fumé. Prélevé dans le jambon du porc, elle est salée puis épicée. Elle est vendue sous la forme d'un gros saucisson et débitée en tranches très fines. On peut la manger crue ou cuite. Elle peut être remplacée par du lard.

PARMESAN

C'est un fromage au lait de vache très utilisé en Italie, aussi bien râpé qu'en copeaux. Il vaut mieux l'acheter en morceaux, puis le râper lorsqu'on en a besoin, plutôt que l'acheter déjà râpé. Le Parmigiano-reggiano est le meilleur, ce que son prix démontre.

PECORINO

C'est un nom générique pour une large gamme de fromages italiens. Plus spécifiquement, ce nom renvoie à des fromages au lait de brebis, à pâte cuite dure, produits en Italie du centre et en Sardaigne. Le plus réputé est le Pecorino Romano. On trouve du pecorino doux ou fort, et même parfois aromatisé, notamment au poivre. On trouve également du pecorino frais.

POLENTA

Connue aussi sous le nom de semoule de maïs, cette graine est un plat de base riche en glucides complexes dans le nord de l'Italie. On la prépare le plus souvent sous forme de bouillie à laquelle on ajoute du beurre et du parmesan ou, après la cuisson et un temps de repos, sous forme de tranches grillées, frites ou rôties. On trouve la polenta sous différentes moutures : grosse, moyenne ou fine.

MÉLASSE DE GRENADE

On la trouve également sous forme de sirop. C'est le résultat de l'ébullition du jus d'une variété amère de grenade cultivée en Syrie et au Liban. La mélasse de grenade a un goût acidulé et ne doit pas être confondu avec la grenadine, un sirop très sucré utilisé pour confectionner des boissons.

CÈPES

Les cèpes sont des champignons sauvages. Ils sont très souvent utilisés en Italie et en France, particulièrement dans le Sud-Ouest. On les trouve frais à certaines époques de l'année, mais on les trouve en général plus facilement séchés. Les cèpes secs doivent être réhydratés en trempant dans l'eau chaude, puis être rincés soigneusement pour être très propre. L'eau de trempage peut également être utilisée pour ajouter de la saveur à la préparation. Les cèpes séchés ont une saveur forte, c'est pourquoi ils doivent être utilisés avec parcimonie.

MÉLASSE DE GRENADE

CÈPES

CITRONS CONFITS

PROSCIUTTO

CITRONS CONFITS

Ils ont un arôme unique très populaire dans les plats d'Afrique du Nord, particulièrement les tajines marocains. Les citrons sont tassés avec du sel dans un bocal hermétique avec du jus de citron et des épices telles que grains de poivre, feuilles de laurier et même de la cannelle et des clous de girofle. Ils marinent jusqu'à six semaines. On n'utilise que l'écorce, c'est pourquoi ils doivent être soigneusement rincés et la pulpe et les membranes doivent être retirées avant usage.

PROSCIUTTO

C'est un jambon italien salé et séché en plein air. Après 8 à 10 mois d'affinage, il est coupé en tranches fines et peut être consommé cru ou cuit. Le prosciutto de Parme est le jambon italien traditionnel. On le sert en hors-d'œuvre. Il est aussi très utilisé dans la cuisine italienne.

SEMOLINA

PROVOLONE

PROVOLONE

C'est un fromage à pâte jaune avec une croûte brillante produit principalement dans le sud de l'Italie. Il est souvent façonné à la main en diverses formes avant d'être affiné. Jeune, le provolone est doux et délicat, et souvent utilisé comme fromage de table. Plus affiné, sa saveur devient plus forte et on peut alors le râper. On trouve également du provolone fumé.

LENTILLES DU PUY

Ce sont des lentilles de très petite taille et de couleur vert foncé. Réputées comme étant les meilleures, elles sont très appréciées. Elles ont l'énorme avantage de conserver leur forme et leur texture assez ferme après la cuisson et sont le plus souvent utilisées en salade ou en hors-d'œuvre. Elles sont plus onéreuses que les autres variétés.

SUMAC

LENTILLES DU PUY

SEMOULE

La semoule est le produit de la première mouture du blé. On la trouve en différentes moutures : grosse, moyenne ou fine. Fréquemment fabriquée à base de blé dur, on l'utilise dans la confection des pâtes, des gnocchis et de certains gâteaux.

SUMAC

Ce sont les baies rouges séchées du *Rhus coriaria*, dit le sumac des corroyeurs ou vinaigrier, un arbre originaire du Moyen-Orient. Utilisé principalement en Syrie et au Liban, le sumac moulu est saupoudré sur les salades et le poisson pour ajouter une saveur acide et piquante. Autrefois, avant l'introduction du citron, on l'utilisait pour donner une légère amertume aux plats. Aujourd'hui encore, on l'utilise souvent dans les régions où les citrons sont rares.

Houmous (Purée de pois chiches)

PRÉPARATION : 20 minutes
+ une nuit de trempage
CUISSON : 1 h 15
POUR 3 tasses

220 g de pois chiches
2 cuil. à soupe de tahini
4 gousses d'ail, hachées
2 cuil. à café de cumin en poudre
80 ml de jus de citron
une bonne pincée de poivre de Cayenne
un peu de jus de citron supplémentaire, facultatif
un peu d'huile d'olive vierge extra, pour servir
paprika, en garniture
persil frais haché, en garniture

1 Faire tremper les pois chiches toute une nuit dans 1 l d'eau. Égoutter et verser dans une grande casserole avec environ 2 l ou suffisamment d'eau pour couvrir largement les pois chiches. Porter à ébullition, puis réduire le feu et laisser frémir 1 h 15, jusqu'à ce que les pois chiches soient très tendres. Écumer la surface. Égoutter soigneusement en réservant le liquide de cuisson et laisser refroidir suffisamment pour retirer à la main les peaux qui se sont détachées des pois chiches.

2 Mélanger les pois chiches, le tahini, le cumin, le jus de citron, l'huile d'olive, le poivre de Cayenne et 1 cuil. 1/2 de sel dans un robot de cuisine, et mixer jusqu'à obtention d'un mélange lisse et homogène. Moteur en marche, ajouter progressivement 185 ml de liquide de cuisson, ou suffisamment pour obtenir une purée onctueuse. Assaisonner de sel ou de jus de citron.

3 Verser la préparation dans un bol peu profond ou une assiette, arroser d'huile, saupoudrer de paprika et parsemer de persil haché. Servir avec du pain pita ou du pain grillé.

Égoutter les pois chiches et retirer les peaux qui se sont détachées.

Ajouter progressivement le liquide de cuisson et mixer.

Tapenade (Pâte provençale d'olives, d'anchois et de câpres)

PRÉPARATION : 10 minutes
CUISSON : Aucune
POUR 1½ tasse

400 g d'olives kalamata, dénoyautées
2 gousses d'ail, hachées
2 filets d'anchois à l'huile, égouttés
2 cuil. à soupe de câpres en saumure, rincées et égouttées soigneusement
2 cuil. à café de thym frais haché
2 cuil. à café de moutarde de Dijon
1 cuil. à soupe de jus de citron
60 ml d'huile d'olive
1 cuil. à soupe de cognac, facultatif

1 Mélanger les olives, l'ail, les anchois, les câpres, le thym, la moutarde de Dijon, le jus de citron, l'huile d'olive et le cognac dans un robot de cuisine et mixer jusqu'à obtention d'un mélange homogène. Assaisonner selon son goût de sel et de poivre noir fraîchement moulu. Verser la préparation dans un bocal stérilisée, couvrir d'une couche d'huile et fermer le bocal. Conserver au réfrigérateur jusqu'à une semaine. Servir sur de la bruschetta ou avec une assiette de hors-d'œuvre.

Pour dénoyauter les olives, utiliser un dénoyauteur ou un couteau.

Mixer les ingrédients dans un robot de cuisine.

Baba Ghannouj (Purée d'aubergine turque)

PRÉPARATION : 20 minutes
+ 30 minutes de refroidissement
CUISSON : 50 minutes
POUR 1 tasse ¾

2 aubergines (1 kg)
3 gousses d'ail, hachées
1/2 cuil. à café de cumin moulu
80 ml de jus de citron
2 cuil. à soupe de tahini
une pincée de poivre de Cayenne
1 cuil. à soupe 1/2 d'huile d'olive
1 cuil. à soupe de persil plat frais finement haché
olives noires, en garniture

1 Préchauffer le four à 200 °C (th. 6-7). Piquer les aubergines à l'aide d'une fourchette et faire chauffer 5 min au-dessus d'une flamme, jusqu'à ce que la peau noircisse et se fendille. Disposer dans une lèche-frite et rôtir au four 40 à 45 min, jusqu'à ce que les aubergines soient très tendres. Mettre les aubergines dans une passoire au-dessus d'une terrine et laisser égoutter 30 min, jusqu'à ce qu'elles soient froides.

2 Éplucher délicatement les aubergines, hacher la pulpe et mélanger dans un robot de cuisine avec l'ail, le cumin, le jus de citron, le tahini, le poivre de Cayenne et l'huile d'olive. Mixer jusqu'à obtention d'un mélange homogène. À défaut de robot de cuisine, écraser le mélange à l'aide d'une fourchette. Saler et incorporer le persil. Disposer dans un bol peu profond ou une assiette et garnir d'olives noires. Servir avec du pain grillé ou du pain pita.

Éplucher délicatement les aubergines cuites.

Mixer aubergines, ail, cumin, citron, tahini, poivre de Cayenne et huile.

Skordalia (Sauce grecque à l'ail)

PRÉPARATION : 15 minutes
CUISSON : 10 minutes
POUR 2 tasses

500 g de pommes de terre
5 gousses d'ail, hachées
poivre blanc moulu
185 ml d'huile d'olive
2 cuil. à soupe de vinaigre blanc

1 Éplucher les pommes de terre et les couper en cubes de 2 cm. Porter à ébullition une grande casserole d'eau, verser les pommes de terre et cuire 10 min, jusqu'à ce qu'elles soient très tendres.

2 Égoutter les pommes de terre et les réduire en purée homogène. Incorporer l'ail, 1 cuil. à café de sel et une pincée de poivre blanc moulu. Ajouter progressivement l'huile d'olive en mélangeant bien avec une cuillère en bois. Ajouter le vinaigre et rectifier éventuellement l'assaisonnement selon son goût avec du sel et du poivre blanc. Servir chaud ou froid sur des toasts ou en accompagnement de viande, de poisson ou de poulet grillé.

Faire cuire les pommes de terre à l'eau bouillante salée.

Égoutter les pommes de terre et réduire en purée homogène.

Incorporer progressivement l'huile dans la purée en mélangeant bien.

Pesto (Sauce italienne au basilic)

PRÉPARATION : 10 minutes
CUISSON : 2 minutes
POUR 1 tasse

50 g de pignons
50 g de petites feuilles de basilic frais
2 gousses d'ail, hachées
1/2 cuil. à café de sel
125 ml d'huile d'olive
30 g de parmesan, finement râpé
20 g de pecorino, finement râpé

1 Préchauffer le four à 180 °C (th. 6). Étaler les pignons sur une plaque à pâtisserie et faire rôtir 2 min, jusqu'à ce qu'ils soient légèrement dorés. Laisser refroidir.

2 Mélanger les pignons, le basilic, l'ail, le sel et l'huile dans un robot de cuisine et mixer jusqu'à obtention d'un mélange homogène. Verser la préparation dans une terrine et incorporer soigneusement les fromages. Servir avec une assiette de hors-d'œuvre, des pâtes, de la viande ou de la soupe.

Faire griller les pignons jusqu'à ce qu'ils soient légèrement dorés.

Mixer les pignons avec le basilic, l'ail, le sel et l'huile.

Incorporer le parmesan et le pecorino dans le mélange au basilic.

Tarama (Purée d'œufs de poisson grecque)

PRÉPARATION : 10 minutes
+ 10 minutes de trempage
CUISSON : Aucune
POUR 1 tasse ½

mie de 5 tranches de pain
80 ml de lait
100 g de tarama (œufs de mulet)
1 jaune d'œuf
1/2 petit oignon, râpé
1 gousse d'ail, hachée
2 cuil. à soupe de jus de citron
80 ml d'huile d'olive
une pincée de poivre blanc moulu

1 Faire tremper la mie de pain 10 min dans le lait. Presser dans une passoire pour extraire l'excédent de lait, puis mélanger dans un robot de cuisine avec le tarama, le jaune d'œuf, l'oignon et l'ail. Mixer 30 sec, jusqu'à ce que le mélange soit homogène, puis ajouter 1 cuil. à soupe de jus de citron.

2 Moteur en marche, incorporer délicatement l'huile d'olive. La préparation doit être homogène et onctueuse. Ajouter le reste de jus de citron et une pincée de poivre blanc moulu. Si la préparation semble trop salée, rajouter un morceau de mie de pain.

Râper un demi-oignon à l'aide d'une râpe à fromage.

Bien essorer la mie de pain dans une passoire.

Mixer la mie de pain, le tarama, le jaune d'œuf, l'oignon et l'ail.

Tzatziki (Sauce grecque au concombre et au yaourt)

PRÉPARATION : 10 minutes
+ 15 minutes de pause
CUISSON : Aucune
POUR 2 tasses

2 concombres libanais (environ 300 g)
400 g de yaourt à la grecque
4 gousses d'ail, hachées
3 cuil. à soupe de menthe fraîche hachée, un peu plus en garniture
1 cuil. à soupe de jus de citron

1 Couper les concombres en deux dans le sens de la longueur et les épépiner à l'aide d'une cuillère. Sans enlever la peau, râper grossièrement les concombres dans une petite passoire. Saupoudrer de sel et laisser dégorger environ 15 min au-dessus d'une grande terrine.

2 Pendant ce temps, mélanger soigneusement le yaourt à la grecque, l'ail, la menthe et le jus de citron dans une terrine.

3 Rincer le concombre sous l'eau froide, puis essorer soigneusement à la main pour retirer l'excédent d'humidité. Mélanger le concombre avec la préparation au yaourt, puis assaisonner de sel et de poivre noir fraîchement moulu. Servir immédiatement ou conserver au réfrigérateur jusqu'au moment de servir, et garnir de menthe hachée.

Couper les concombres en deux et retirer les pépins à la cuillère.

Mélanger le yaourt, l'ail, la menthe et le jus de citron.

Essorer le concombre pour retirer l'excédent d'humidité.

Crudités à l'aioli

PRÉPARATION : 15 minutes
CUISSON : 1 minute
POUR 4 personnes

4 gousses d'ail, hachées
2 jaunes d'œufs
300 ml d'huile légère ou normale
1 cuil. à soupe de jus de citron
1 pincée de poivre blanc moulu
12 asperges, parées
26 radis, parés
1/2 concombre télégraphe, épépiné, coupé en deux puis en bâtonnets
1 ou 2 endives, effeuillées

1 Mettre l'ail, le jaune d'œuf et une pincée de sel dans un robot de cuisine. Mixer 10 sec.

2 Moteur en marche, ajouter progressivement l'huile d'olive en un mince filet. Lorsque le mélange commence à épaissir, ajouter l'huile un peu plus rapidement. Mixer jusqu'à ce que toute l'huile soit incorporée et que la mayonnaise à l'ail soit épaisse et crémeuse. Transférer dans un bol et incorporer le jus de citron et une pincée de poivre.

3 Porter une casserole d'eau à ébullition, ajouter les asperges et blanchir 1 min. Retirer les asperges de l'eau et les plonger dans une terrine d'eau glacée. Disposer les asperges, les radis, le concombre et les endives dans un plat de service. L'aioli peut également être tartiné sur des toasts ou accompagner du poulet ou du poisson.

Épépiner le concombre, le couper en deux, puis en bâtonnets.

Incorporer le jus de citron dans la mayonnaise lorsqu'elle est épaisse.

Rafraîchir les asperges dans une terrine d'eau glacée.

Kiymali Pide (Pain turc)

PRÉPARATION : 30 minutes
+ 2 h 20 de pause
CUISSON : 20 minutes
POUR 6 personnes

1/2 cuil. à café de sucre
14 g de levure de boulanger déshydratée
60 g de farine
435 g de farine à pain
60 ml d'huile d'olive
1 œuf, légèrement battu avec 60 ml d'eau
graines de nigelle ou de sésame

1 Mélanger le sucre dans une grande jatte à 125 ml d'eau chaude jusqu'à ce qu'il soit dissous. Incorporer la levure, puis la farine et mélanger jusqu'à obtention d'un mélange homogène. Couvrir la jatte avec une assiette et laisser lever 30 min, jusqu'à ce que le mélange soit mousseux et ait triplé de volume.

2 Mettre la farine à pain dans une grande jatte avec 1 cuil. à café de sel. Ajouter l'huile d'olive, 270 ml d'eau chaude et le mélange à base de levure. Mélanger jusqu'à obtenir une pâte grossière. Rouler la pâte sur un plan de travail fariné et pétrir 15 min. Ajouter le moins de farine possible pour obtenir une pâte très souple et encore humide.

3 Façonner la pâte en forme de boule et mettre dans une grande jatte huilée. Couvrir avec un torchon propre et laisser lever 1 h près d'une source de chaleur, jusqu'à ce que la pâte ait triplé de volume. Travailler rapidement la pâte et la diviser en six. Façonner chaque part en une boule, en pétrissant peu. Disposer les six boules de pâte sur une plaque à pâtisserie et glisser la plaque dans un sac en plastique. Laisser reposer 10 min.

4 Fariner une grande plaque à pâtisserie. Abaisser 3 boules de pâte en 3 disques de 15 cm de diamètre et les disposer sur la plaque à pâtisserie en laissant suffisamment d'espace entre eux pour qu'ils puissent s'étaler. Couvrir la pâte avec un torchon et laisser reposer 20 min. Préchauffer le four à 230 °C (th. 8-9) et disposer une autre plaque à pâtisserie à mi-hauteur du four.

5 Creuser légèrement avec le doigt les disques de pâte à intervalles réguliers. Dorer la surface avec l'œuf battu et parsemer de graines de nigelle ou de sésame. Mettre la plaque à pâtisserie au-dessus de la plaque préchauffée et rôtir 8 à 10 min, jusqu'à ce que les pains ait gonflé et soient dorés. Envelopper dans un torchon et laisser refroidir. Répéter l'opération avec la pâte restante.

Pétrir la pâte 15 min, jusqu'à ce qu'elle soit lisse mais encore humide.

Creuser légèrement la surface des pains avec le doigt.

Focaccia (Pain italien)

PRÉPARATION : 30 minutes + 3 h 40 de pause
CUISSON : 20 minutes
POUR 2 pains

1/2 cuil. à café de sucre en poudre
7 g de levure de boulanger déshydratée
1 kg de farine à pain
60 ml d'huile d'olive

1 Mélanger le sucre, la levure et 2 cuil. à soupe d'eau chaude dans une petite jatte. Laisser reposer 10 min près d'une source de chaleur, jusqu'à ce que le mélange soit mousseux. Si le mélange ne mousse pas, c'est que la levure est inactive et il faut recommencer.

2 Mettre la farine dans une grande jatte avec 2 cuil. à café de sel et bien mélanger. Ajouter 2 cuil. à soupe d'huile, le mélange à base de levure et 750 ml d'eau chaude. Mélanger à l'aide d'une cuillère en bois jusqu'à obtention d'une pâte grossière. Rouler la pâte sur un plan de travail légèrement fariné. Commencer à pétrir, en ajoutant juste ce qu'il faut de farine et d'eau chaude pour obtenir une pâte souple, encore humide mais non collante. Pétrir 8 min, jusqu'à ce que la pâte soit lisse.

3 Huiler légèrement une grande jatte. Y mettre la pâte et la rouler sur les parois pour l'enduire d'huile. Pratiquer une entaille en forme de croix sur le dessus avec un couteau tranchant. Couvrir la jatte avec un torchon et laisser lever 1 h 30 près d'une source de chaleur, jusqu'à ce que la pâte ait doublé de volume.

4 Travailler légèrement la pâte sur un plan de travail légèrement fariné et la diviser en deux. Abaisser une partie en un rectangle de 28 x 20 cm. Aplatir la pâte avec les mains à partir du centre pour obtenir un rectangle de 38 x 28 cm.

5 Huiler puis fariner une plaque à pâtisserie. Disposer la pâte au centre et glisser la plaque dans un sac en plastique. Laisser lever 2 h dans un endroit sec et près d'une source de chaleur, jusqu'à ce que la pâte ait doublé de volume.

Pétrir la pâte jusqu'à ce que la marque d'un doigt disparaisse.

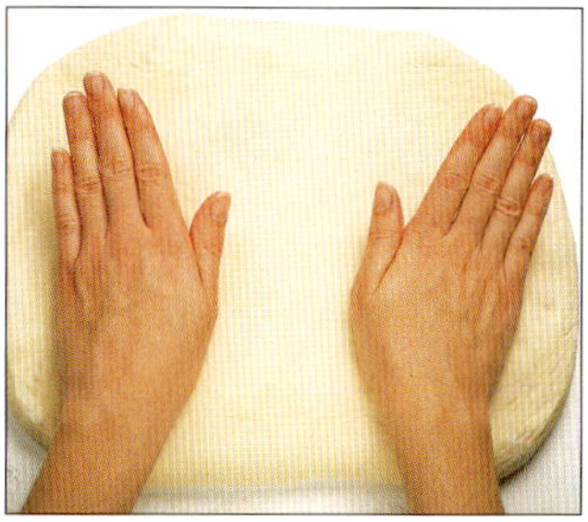

Étaler la pâte avec la paume de la main en partant du centre.

6 Préchauffer le four à 220 °C (th. 7-8). Badigeonner la pâte avec un peu d'huile et cuire 20 min au four, jusqu'à ce qu'elle soit dorée. Transférer le pain sur une grille pour le laisser refroidir. Laisser l'air circuler sous le pain afin que la croûte reste croustillante. Répéter l'opération avec le reste de pâte.

Eliopsomo (Pain aux olives grec)

PRÉPARATION : 30 minutes
+ 2 h 30 de pause
CUISSON : 35 minutes
POUR 1 pain

375 g de farine
7 g de levure de boulanger déshydratée
2 cuil. à café de sucre
2 cuil. à soupe d'huile d'olive
110 g d'olives kalamata, dénoyautées et coupées en deux
2 cuil. à café de farine supplémentaires
1 petit brin d'origan frais, effeuillé et ciselé
huile d'olive, pour le glaçage

1 Mettre 1/3 de la farine dans une grande jatte et ajouter 1 cuil. à café de sel. Mettre la levure, le sucre et 250 ml d'eau chaude dans une petite jatte et mélanger. Ajouter le mélange à la farine pour obtenir une pâte grumeleuse. Couvrir avec un torchon et laisser lever 45 min près d'une source de chaleur, jusqu'à ce qu'elle ait doublé de volume.

2 Incorporer le reste de la farine et 125 ml d'eau chaude. Mélanger à l'aide d'une cuillère en bois jusqu'à pouvoir former une boule de pâte. Transférer sur un plan de travail légèrement fariné et pétrir 10 à 12 min en incorporant aussi peu de farine que possible pour obtenir une pâte souple, encore humide mais non collante. Façonner en forme de boule. Huiler une grande jatte, mettre la pâte en la roulant sur les parois pour l'enduire légèrement d'huile. Pratiquer une entaille en forme de croix sur le dessus, couvrir la jatte avec un torchon et laisser lever 1 h près d'une source de chaleur, jusqu'à ce que la pâte ait doublé de volume.

3 Graisser une plaque à pâtisserie et saupoudrer de farine. Pétrir légèrement la pâte sur un plan de travail fariné et abaisser en un rectangle de 30 x 25 x 1 cm. Égoutter soigneusement les olives et les fariner. Répartir les olives sur la pâte et parsemer d'origan. Rouler la pâte serrée dans la longueur en pressant pour éliminer l'air. Presser les extrémités du rouleau pour former un pain ovale de 25 cm. Disposer le pain sur la plaque à pâtisserie, jointure en dessous. Glisser la plaque dans un grand sac en plastique et laisser lever 45 min près d'une source de chaleur, jusqu'à ce que le pain ait doublé de volume.

Répartir les olives sur la pâte et rouler dans la longueur.

Quand la pâte a doublé de volume, retirer du sac en plastique.

4 Préchauffer le four à 220 °C (th. 7-8). Badigeonner le dessus du pain d'huile d'olive et cuire au four 30 min. Réduire la température à 180 °C (th. 6) et cuire encore 5 minutes. Laisser refroidir sur une grille. Servir chaud ou froid.

Bruschetta

POUR CONFECTIONNER UNE BRUSCHETTA, DÉCOUPER UN PAIN EN BIAIS EN TRANCHES DE 1,5 CM D'ÉPAISSEUR. FAIRE GRILLER LES TRANCHES DE PAIN. ÉPLUCHER 2 GOUSSES D'AIL ET FROTTER LES DEUX FACES DES TRANCHES DE PAIN GRILLÉ CHAUDES. ARROSER LE PAIN D'HUILE D'OLIVE ET DISPOSER AU-DESSUS L'UNE DE CES DÉLICIEUSES GARNITURES.

ANCHOIS, TOMATES ET ORIGAN

Épépiner et hacher grossièrement 3 tomates mûres et mélanger avec 1 petit oignon rouge haché, 90 g de filets d'anchois à l'huile, égouttés et émincés, et 2 cuil. à soupe d'huile d'olive. Disposer un peu de la préparation sur les tranches de pain grillé. Arroser de nouveau avec de l'huile d'olive et garnir d'origan frais haché et de poivre noir fraîchement moulu.

TAPENADE, ROQUETTE ET FETA

Mettre 100 g de jeune roquette parée, 75 g de feta grecque émiettée et 2 cuil. à soupe d'huile d'olive dans une terrine et bien mélanger. Étaler environ 2 cuil. à café de tapenade sur les tranches de pain grillé, puis ajouter la préparation à la feta. Arroser d'huile d'olive, saler et assaisonner de poivre noir fraîchement moulu.

PURÉE DE TOMATES SÉCHÉES AU SOLEIL, ARTICHAUT ET BOCCONCINI

Étaler 1 cuil. à café de purée de tomates séchées au soleil de bonne qualité sur les toasts. Découper 12 bocconcini (360 g) en tranches et disposer sur la purée de tomates. Hacher 55 g de cœurs d'artichaut à l'huile et disposer au-dessus du bocconcini. Parsemer de persil plat frais finement haché.

PESTO, POIVRON ROUGE ET PARMESAN

Découper 3 poivrons rouges de taille moyenne en larges lanières et retirer les pépins et les membranes blanches. Faire rôtir les morceaux de poivrons sous un gril chaud jusqu'à ce que la peau noircisse et se détache. Mettre les poivrons dans un sac en plastique et laisser refroidir. Éplucher les poivrons à la main et découper la pulpe en lanières de 1 cm de largeur. Étaler environ 2 cuil. à café de pesto au basilic sur les tranches de pain. Disposer au-dessus les lanières de poivron et 50 g de copeaux de parmesan frais. Arroser d'huile d'olive, saler et poivrer.

CHAMPIGNONS ET FROMAGE DE CHÈVRE

Préchauffer le four à 180 °C (th. 6). Mélanger 125 ml d'huile d'olive avec 3 gousses d'ail hachées, 2 cuil. à soupe de persil plat haché et 1 cuil. à soupe de xérès. Disposer 6 gros agarics sur une plaque à pâtisserie chemisée de papier d'aluminium. Étaler sur les champignons la préparation précédente sauf 2 cuil. à soupe. Mélanger 150 g de fromage de chèvre avec 1 cuil. à café de thym frais haché, puis étaler la préparation obtenue sur les toasts. Faire chauffer le reste de la préparation à l'huile. Couper les champignons en deux et disposer sur chaque tranche de pain. Arroser avec le reste d'huile, saler et poivrer.

PAN CON TOMATE

Mettre 4 grosses tomates mûres, épépinées et grossièrement hachées, 15 g de basilic frais grossièrement ciselé, 2 cuil. à soupe d'huile d'olive et 1/2 cuil. à café de sucre en poudre dans une terrine, et mélanger soigneusement. Saler, poivrer et laisser mariner 10 à 15 minutes. Couper une tomate mûre en deux et la frotter sur une face huilée des toasts en la pressant pour en extraire le plus de jus possible. Disposer délicatement environ 2 cuil. à soupe de mélange à la tomate sur chaque toast et servir immédiatement.

Calmars grillés à la salsa verde

PRÉPARATION : 30 minutes
+ 30 minutes de macération
CUISSON : 15 minutes
POUR 4 personnes

1 kg de calmars
250 ml d'huile d'olive
2 cuil. à soupe de jus de citron
2 gousses d'ail, hachées
2 cuil. à soupe d'origan frais haché
2 cuil. à soupe de persil plat frais haché
6 quartiers de citron

Salsa verde

2 filets d'anchois, égouttés
1 cuil. à soupe de câpres
1 gousse d'ail, hachée
2 cuil. à soupe de persil plat frais haché
2 cuil. à soupe d'huile d'olive

1 Pour nettoyer les calmars, tirer sur les tentacules pour les détacher de la tête. Retirer le bec et les viscères restés attachés aux tentacules. Rincer les tentacules à l'eau courante froide, sécher soigneusement et couper en tronçons de 5 cm. Mettre dans une terrine. En tirant, détacher l'os mou du corps du calmar. Retirer la peau sous l'eau courante froide, rincer et bien sécher. Couper en anneaux de 1 cm et ajouter aux tentacules dans la terrine. Ajouter l'huile, le jus de citron, l'ail et l'origan, et bien mélanger avec les calmars. Réfrigérer 30 min.

2 Pour préparer la salsa verde, piler l'anchois dans un mortier ou, avec une cuillère en bois, dans un bol. Rincer les câpres et sécher à l'aide de papier absorbant. Hacher finement les câpres et ajouter aux anchois. Incorporer l'ail et le persil, puis incorporer progressivement l'huile d'olive. Assaisonner de poivre noir et, éventuellement, de sel (les anchois peuvent être déjà très salés). Bien mélanger.

3 Égoutter les calmars et faire cuire au barbecue ou au gril, en quatre fois, 1 à 2 min de chaque côté en arrosant avec la marinade. Pour servir, saupoudrer les calmars de sel et de poivre, et parsemer de persil frais. Servir avec la salsa verde et les quartiers de citron.

Tirer sur les tentacules pour les détacher de la tête.

Mélanger les anchois, les câpres, l'ail et le persil.

Cuire les calmars en plusieurs fois au barbecue ou au gril.

Feta marinée

PRÉPARATION : 10 minutes + 24 heures de trempage + 1 semaine de macération
CUISSON : Aucune
POUR un bocal de 750 ml

4 gousses d'ail, épluchées
125 ml de jus de citron
400 g de feta de bonne qualité
6 brins de thym
2 feuilles de laurier, légèrement émiettées
1/2 cuil. à café de grains de poivre noir
jusqu'à 375 ml d'huile d'olive de qualité

1 Faire tremper les gousses d'ail 24 h dans le jus de citron. Essorer et sécher à l'aide de papier absorbant. Égoutter la feta et la couper en cubes de 2 cm. Disposer la feta, le thym, l'ail, les feuilles de laurier et les grains de poivre dans un bocal de 750 ml hermétique.

2 Remplir complètement le bocal d'huile et le fermer hermétiquement. Laisser macérer une semaine au réfrigérateur avant d'utiliser. Conserver au réfrigérateur et consommer dans les trois semaines suivant l'ouverture du bocal.

Égoutter soigneusement la feta et la couper en cubes de 2 cm.

Remplir le bocal avec de l'huile d'olive de qualité.

Saganaki Haloumi (Haloumi frit)

PRÉPARATION : 5 minutes
CUISSON : 2 minutes
POUR 6 personnes

400 g d'haloumi (fromage de brebis cypriote)
80 ml d'huile d'olive
2 cuil. à soupe de jus de citron

1 Sécher soigneusement l'haloumi à l'aide de papier absorbant et découper en tranches de 1 cm d'épaisseur.

2 Verser l'huile dans une grande poêle (environ 5 mm de hauteur) et faire chauffer à feu moyen à vif. Plonger les tranches de fromage dans l'huile sur une seule épaisseur et faire frire 1 min de chaque côté, jusqu'à ce qu'elles soient dorées. Retirer la poêle du feu et arroser de jus de citron. Assaisonner de poivre noir moulu et servir immédiatement en entrée avec du pain frais.

Faire frire les tranches de fromage dans l'huile d'olive.

Retirer la poêle du feu et arroser de jus de citron.

Patatas Bravas (Pommes sautées espagnoles à la sauce tomate)

PRÉPARATION : 15 minutes
CUISSON : 1 heure
POUR 6 personnes

1 kg de pommes de terre (désirée ou bintje)
huile d'olive, pour la friture
500 g de tomates Roma mûres
2 cuil. à soupe d'huile d'olive en plus
1/4 d'oignon rouge, finement haché
2 gousses d'ail, hachées
3 cuil. à café de paprika
1/4 de cuil. à café de poivre de Cayenne
1 feuille de laurier
1 cuil. à café de sucre
1 cuil. à soupe de persil plat frais haché

1 Éplucher les pommes de terre et couper en cubes de 2 cm. Rincer, égoutter et sécher. Remplir au tiers d'huile une poêle ou une sauteuse et chauffer à 180 °C (un dé de pain doit y dorer en 15 sec). Faire frire les pommes de terre 10 min, en plusieurs fois, jusqu'à ce qu'elles soient dorées. Égoutter soigneusement à l'aide de papier absorbant. Conserver l'huile.

2 Pratiquer une entaille en forme de croix à la base des tomates et les plonger 1 min dans l'eau bouillante, puis dans l'eau froide. Peler les tomates et hacher la pulpe.

3 Faire chauffer l'huile supplémentaire dans une casserole, ajouter l'oignon et faire revenir 3 min à feu moyen, jusqu'à ce qu'il soit doré. Ajouter l'ail, le paprika et le poivre de Cayenne, et cuire 1 à 2 min.

4 Incorporer la tomate, la feuille de laurier, le sucre et 100 ml d'eau, et cuire 20 min, en remuant de temps en temps, jusqu'à obtention d'une sauce épaisse. Laisser tiédir et retirer la feuille de laurier. Verser la sauce dans un robot de cuisine et mixer pour obtenir un mélange homogène, en ajoutant éventuellement un peu d'eau. Remettre la sauce dans la casserole et réchauffer 2 min à feu doux. Saler et poivrer.

5 Faire réchauffer l'huile à 180 °C (un dé de pain doit y dorer en 15 sec). Plonger de nouveau les pommes de terre 2 min, en plusieurs fois, jusqu'à ce qu'elles soient croustillantes. Égoutter sur du papier absorbant. Cette seconde friture rend les pommes de terre très croustillantes et empêche la sauce de les imbiber. Disposer les pommes de terre dans un plat de service et napper de sauce. Garnir de persil.

Cuire la sauce tomate 20 min jusqu'à ce qu'elle soit épaisse.

Faire frire de nouveau les pommes de terre.

Borek (Feuilletés au fromage turcs)

PRÉPARATION : 1 heure
CUISSON : 20 minutes
POUR 24 feuilletés

400 g de feta
2 œufs, légèrement battus
25 g de persil plat frais haché
375 g de pâte filo
80 ml d'huile d'olive de bonne qualité

1 Préchauffer le four à 180 °C (th. 6). Graisser légèrement une plaque à pâtisserie. Émietter la feta dans une grande terrine à la main ou à l'aide d'une fourchette. Incorporer les œufs et le persil, et assaisonner de poivre noir.

2 Badigeonner légèrement d'huile 4 feuilles de pâte filo et les superposer. Couper la pâte en 4 bandes de 7 cm de largeur.

3 Disposer 2 cuil. à café de la préparation à la feta dans un angle de chaque bande et plier la pâte en diagonale pour former des feuilletés triangulaires. Disposer les feuilletés sur une plaque à pâtisserie, côté jointure en dessous, et badigeonner d'huile d'olive. Répéter l'opération jusqu'à épuisement de la pâte et de la farce. Faire cuire les feuilletés au four 20 min, jusqu'à ce qu'ils soient dorés. Servir avec d'autres hors-d'œuvre.

Couper les feuilles de pâte filo superposées en quatre bandes.

Disposer la préparation à la feta dans un angle de chaque bande.

Replier la pâte en diagonale pour former des feuilletés triangulaires.

Falafel (Boulettes de pois chiches frites)

PRÉPARATION : 35 minutes
+ 48 heures de trempage + 50 minutes de pause
CUISSON : 10 minutes
POUR 30

150 g de fèves cassées sèches
220 g de pois chiches secs
1 oignon, grossièrement râpé
6 gousses d'ail, grossièrement hachées
2 cuil. à soupe de coriandre en poudre
1 cuil. à soupe de cumin en poudre
15 g de persil plat frais haché
1/4 de cuil. à café de poudre de piment
1/2 cuil. à café de bicarbonate de soude
3 cuil. à soupe de feuilles de coriandre fraîche hachées
huile légère, pour la friture

1 Mettre les fèves dans une grande terrine, couvrir avec 750 ml d'eau et laisser tremper 48 h. (Égoutter les fèves, rincer et couvrir avec de l'eau fraîche une ou deux fois.)

2 Mettre les pois chiches dans une grande terrine, couvrir avec 750 ml d'eau et laisser tremper 12 h.

3 Égoutter les fèves et les pois chiches, et sécher soigneusement à l'aide de papier absorbant. Mélanger avec l'oignon et l'ail, et mixer jusqu'à obtention d'un mélange homogène.

4 Ajouter la coriandre en poudre, le cumin, le persil, la poudre de piment, le bicarbonate de soude et la coriandre fraîche. Assaisonner de sel et de poivre noir fraîchement moulu, et bien mélanger. Transférer dans une grande terrine, travailler légèrement, puis laisser reposer 30 min.

5 Prélever des cuillerées à soupe de la préparation et façonner en forme de boulettes. Aplatissez légèrement les boulettes en forme de galettes, disposer sur un plateau et laisser reposer 20 min.

6 Remplir au tiers d'huile une grande poêle ou une sauteuse et chauffer à 180 °C (un dé de pain doit y dorer en 15 sec). Faire frire les falafel en plusieurs fois 1 à 2 min, jusqu'à ce qu'elles soient dorées. Égoutter sur du papier absorbant. Servir chaud ou froid avec de l'houmous, du baba ghannouj (purée d'aubergine) et du pain pita.

Mixer le mélange de fèves et de pois chiches trempés et égouttés.

Façonner la préparation en boulettes puis en galettes.

Insalata Caprese (Salade de tomates au bocconcini)

PRÉPARATION : 10 minutes
CUISSON : Aucune
POUR 4 personnes

3 grosses tomates mûres
250 g de bocconcini
12 feuilles de basilic frais
60 ml d'huile d'olive vierge extra
4 feuilles de basilic supplémentaires, grossièrement ciselées, facultatif

1 Découper les tomates en rondelles de 1 cm d'épaisseur (12 rondelles au total). Découper le bocconcini en 24 tranches de 1 cm d'épaisseur.

2 Disposer les rondelles de tomate sur un plat de service, en intercalant deux tranches de bocconcini. Disposer les feuilles de basilic sur le bocconcini.

3 Arroser d'huile d'olive, parsemer éventuellement de basilic, et bien assaisonner de sel et de poivre noir moulu.

Découper le bocconcini en 24 tranches de 1 cm d'épaisseur.

Disposer les tomates sur un plat en alternant avec le fromage.

Bunuelos de Bacalao (Beignets de morue)

PRÉPARATION : 15 minutes
+ 24 heures de trempage
CUISSON : 50 minutes
POUR 35 beignets

500 g de morue
1 grosse pomme de terre (200 g), non pelée
2 cuil. à soupe de lait
huile d'olive, pour la friture
1 petit oignon, finement haché
2 gousses d'ail, hachées
30 g de farine levante
2 œufs, blanc et jaune séparés
1 cuil. à soupe de persil plat frais haché

1 Faire tremper la morue 24 h dans l'eau, en changeant l'eau régulièrement. Porter une casserole d'eau à ébullition, ajouter la pomme de terre et cuire 20 min, jusqu'à ce qu'elle soit tendre. Quand elle a refroidi, l'éplucher et la réduire en purée. Mélanger avec le lait et 2 cuil. d'huile d'olive.

2 Égoutter la morue, couper en morceaux et mettre dans une casserole. Couvrir d'eau, porter à ébullition à feu vif, puis réduire le feu et cuire 10 min à feu moyen, jusqu'à ce qu'elle soit tendre et que de l'écume se forme à la surface de l'eau. Égoutter. Quand elle a refroidi, retirer la peau et les arêtes, puis écraser le poisson à la fourchette jusqu'à ce qu'il soit réduit en lamelles (cela représente environ 200 g).

3 Pendant ce temps, faire chauffer 1 cuil. à soupe d'huile d'olive dans une poêle, ajouter l'oignon et faire dorer 5 min à feu moyen. Ajouter l'ail et cuire 1 min. Retirer.

4 Mélanger la pomme de terre, la morue, le mélange à base d'oignon, la farine, les jaunes d'œufs et le persil dans une terrine, et assaisonner. Battre les blancs d'œufs en neige, puis les incorporer à la préparation précédente. Remplir au tiers d'huile d'olive une grande poêle à 190 °C (un dé de pain doit y dorer en 10 sec). Prélever des cuillerées bombées de préparation et les faire frire 2 min, jusqu'à ce que les beignets soient gonflés et dorés. Égoutter sur du papier absorbant et servir immédiatement.

Retirer la peau et les arêtes de la morue cuite.

Incorporer les blancs d'œufs en neige dans la préparation.

Faire frire et dorer les beignets dans l'huile chaude.

Horiatiki Salata (Salade grecque)

PRÉPARATION : 20 minutes
CUISSON : Aucune
POUR 4 personnes

4 tomates, coupées en quartiers
1 concombre télégraphe, épluché, coupé en deux, épépiné et coupé en dés
1 oignon rouge, finement émincé
2 piments verts, épépinés, coupés en deux dans la longueur puis en lanières
16 olives kalamata
250 g de feta ferme de bonne qualité, coupée en cubes
3 cuil. à soupe de feuilles de persil plat frais
12 feuilles de menthe fraîche
125 ml d'huile d'olive de bonne qualité
2 cuil. à soupe de jus de citron
1 gousse d'ail, hachée

1 Mettre les tomates, le concombre, les piments, l'oignon, les olives, la feta et la moitié du persil et des feuilles de menthe dans un grand saladier, et mélanger délicatement.

2 Verser l'huile, le jus de citron et l'ail dans un bocal muni d'un couvercle, saler, poivrer et secouer vigoureusement le bocal. Verser l'assaisonnement sur la salade et mélanger délicatement. Garnir avec le reste de persil et de menthe.

Couper le concombre en deux. Épépiner et couper en dés.

Couper la feta ferme en cubes de même taille.

Mélanger les ingrédients de la salade, sans briser la feta.

Dolmades (Feuilles de vigne farcies)

PRÉPARATION : 40 minutes
+ 15 minutes de trempage
CUISSON : 45 minutes
POUR 24 dolmades

200 g de feuilles de vigne en saumure
250 g de riz à grain moyen (type arborio)
1 petit oignon, finement haché
1 cuil. à soupe d'huile d'olive
50 g de pignons, grillés
2 cuil. à soupe de raisins secs
2 cuil. à soupe d'aneth frais haché
1 cuil. à soupe de menthe fraîche hachée
1 cuil. à soupe de persil plat frais haché
80 ml d'huile d'olive supplémentaires
2 cuil. à soupe de jus de citron
500 ml de bouillon de volaille ou de légumes

1 Mettre les feuilles de vigne dans une terrine avec de l'eau chaude et laisser tremper 15 min. Égoutter et sécher. Couper les tiges. Réserver quelques feuilles pour chemiser la casserole et jeter celles qui sont trouées. Entre-temps, plonger le riz dans l'eau bouillante 10 min, puis égoutter.

2 Mélanger le riz, l'oignon, l'huile, les pignons, les raisins secs, les herbes et le sel dans une grande terrine.

3 Étaler quelques feuilles sur le plan de travail, face veinée en dessous. Disposer 1 cuil. à soupe de farce au centre de chaque feuille. Replier une fois le bord du côté de la tige sur la farce, puis le côté gauche et le côté droit, et rouler serré de façon à obtenir un petit paquet ressemblant à un cigare. Répéter l'opération jusqu'à épuisement de la farce et des feuilles de vigne.

4 Avec les feuilles de vigne réservées, chemiser le fond d'une grande casserole à fond épais ou d'une sauteuse. Arroser avec 1 cuil. à soupe d'huile. Disposer les dolmades dans la casserole sur une seule couche en les serrant bien. Arroser de jus de citron et d'huile d'olive.

5 Mouiller les dolmades avec le bouillon de volaille et couvrir avec une assiette retournée pour éviter qu'elles ne bougent. Porter à ébullition, puis réduire le feu et laisser mijoter 45 min à couvert. Retirer les dolmades à l'aide d'une écumoire. Servir chaud ou froid.

Replier les bords de la feuille de vigne vers le centre et rouler.

Serrer les dolmades et arroser d'huile et de jus de citron.

Retirer les dolmades cuites de la casserole à l'aide d'une écumoire.

Melitzanosalata (Caviar d'aubergine grec)

PRÉPARATION : 20 minutes
+ 3 heures de réfrigération
CUISSON : 1 heure
POUR 6 personnes

2 grosses aubergines
2 gousses d'ail, grossièrement hachées
4 cuil. à soupe de persil plat frais haché
1 petit oignon, râpé
1/2 poivron rouge, épépiné et émincé
1 grosse tomate mûre, finement hachée
2 petit piments rouges frais, épépinés
60 g de chapelure fraîche
80 ml de jus de citron
125 ml d'huile d'olive de bonne qualité
1 à 2 cuil. à soupe d'huile d'olive supplémentaires
7 olives noires

1 Préchauffer le four à 180 °C (th. 6). Piquer les aubergines à la fourchette. Disposer les aubergines sur une plaque à pâtisserie et rôtir au four 1 h.

2 Retirer la peau des aubergines. Découper grossièrement la pulpe et la laisser égoutter dans une passoire. Presser la pulpe contre le fond de la passoire avec le dos d'une cuillère.

3 Mélanger l'aubergine, l'ail, le persil, l'oignon, le poivron, la tomate, le piment, la chapelure dans un robot de cuisine. Saler et poivrer, puis mixer pour mélanger les ingrédients et obtenir une préparation grossière.

4 Moteur en marche, incorporer alternativement le jus de citron et l'huile d'olive en filet, comme pour faire une mayonnaise. La préparation doit épaissir.

5 Transférer le mélange dans une grande terrine, couvrir et réfrigérer 3 h pour que le mélange se raffermisse. Pour servir, étaler dans un grand plat de service peu profond, arroser avec l'huile supplémentaire et garnir d'olives noires.

Porter des gants pour manipuler les piments.

Éplucher les aubergines et couper grossièrement la pulpe.

Mixer les ingrédients en une purée grossière.

Fritto Misto di Mare (Fruits de mer frits)

PRÉPARATION : 20 minutes
CUISSON : 10 minutes
POUR 4 personnes

1 seiche de 200 g
800 g de filets de rouget
1/2 cuil. à café de paprika
75 g de farine
12 crevettes moyennes crues, décortiquées et déveinées, avec la queue intacte
quartiers de citron, pour servir
huile d'olive de bonne qualité, pour la friture

1 Préchauffer le four à 150 °C (th. 5). Chemiser une plaque à pâtisserie avec du papier sulfurisé. Disposer la seiche sur une planche à découper et, à l'aide d'un couteau tranchant, entailler délicatement le corps dans la longueur. Ouvrir la seiche, retirer l'os et les viscères. Couper la chair en deux et retirer la peau sous l'eau courante froide. Découper la seiche et les filets de rouget en morceaux de même taille. Sécher soigneusement à l'aide de papier absorbant. Assaisonner de sel et de poivre noir fraîchement moulu. Mélanger le paprika et la farine dans une terrine, incorporer le poisson et les fruits de mer, et bien mélanger. Retirer l'excédent de farine.

2 Remplir au tiers d'huile une sauteuse et chauffer à 190 °C (un dé de de pain doit y dorer en 10 sec). Plonger les morceaux de poisson et les fruits de mer en plusieurs fois, et frire 1 min, jusqu'à ce qu'ils soient cuits et dorés. Égoutter sur du papier absorbant. Réserver au chaud dans le four pendant la cuisson du reste.

3 Disposer tous les morceaux de fruits de mer frits sur un plat de service. Saler et servir avec des quartiers de citron.

Entailler le corps de la seiche dans la longueur.

Retirer l'os et les viscères de la seiche.

Bien enrober les fruits de mer du mélange de farine et de paprika.

Galettes de lentilles et de boulgour à la sauce au yaourt

PRÉPARATION : 20 minutes + 1 h 30 de pause
CUISSON : 1 h 10
POUR 35 galettes

140 g de lentilles brunes, rincées
90 g de boulgour
80 ml d'huile d'olive
1 oignon, finement haché
3 cuil. à café de cumin en poudre
2 cuil. à café de coriandre en poudre
3 cuil. à soupe de menthe fraîche finement hachée
4 œufs, légèrement battus
60 g de farine
1 cuil. à café de sel

Sauce au yaourt

1 petit concombre libanais, épluché
250 g de yaourt à la grecque
1 ou 2 gousses d'ail, finement hachées

1 Mettre les lentilles dans une casserole avec 625 ml d'eau. Porter à ébullition, puis réduire le feu et laisser frémir 30 min, jusqu'à ce qu'elles soient tendres.

2 Retirer la casserole du feu et remettre de l'eau pour juste couvrir les lentilles. Ajouter le boulgour, couvrir et laisser reposer 1 h 30, jusqu'à ce que le boulgour ait gonflé. Transférer dans une terrine.

3 Pour préparer la sauce au yaourt, couper le concombre en deux dans la longueur et retirer les pépins. Râper la pulpe et mettre dans une terrine avec le yaourt et l'ail, et bien mélanger.

4 Faire chauffer la moitié de l'huile à feu moyen dans une poêle. Faire revenir l'oignon et l'ail 5 min, jusqu'à ce qu'ils soient tendres. Ajouter le cumin et la coriandre.

5 Ajouter le mélange d'ail et d'oignon, la menthe, les œufs, la farine et le sel dans les lentilles et le boulgour, et bien mélanger. La préparation doit être suffisamment compacte pour que l'on puisse prélever des cuillerées. Si elle est trop humide, rajouter un peu de farine.

Mélanger lentilles, boulgour, oignon, menthe, œufs, farine et sel.

Frire les galettes jusqu'à ce qu'elles soient bien dorées.

6 Faire chauffer le reste d'huile à feu moyen dans une autre poêle. Prélever des cuillerées bombées de préparation et les plonger, en plusieurs fois, dans l'huile. Frire 3 min de chaque côté, jusqu'à ce que les galettes soient dorées. Égoutter sur du papier absorbant, saler et servir avec la sauce au yaourt.

Labneh Makbur (Boulettes de fromage frais marinées)

PRÉPARATION : 35 minutes
+ 3 jours d'égouttage + 3 heures de réfrigération
CUISSON : Aucune
POUR 18 boulettes

1,5 kg de yaourt à la grecque
2 carrés de mousseline de 50 x 50 cm
2 feuilles de laurier frais
3 brins de thym frais
2 brins d'origan frais
500 ml d'huile d'olive de qualité

1 Mélanger le yaourt et 2 cuil. à café de sel dans une terrine. Superposer les deux carrés de mousseline, puis verser le yaourt au centre. Rassembler les coins de la mousseline et fermer solidement avec de la ficelle de cuisine. Suspendre le paquet obtenu au-dessus d'une terrine. Réfrigérer et laisser égoutter 3 jours.

2 Une fois bien égoutté, le yaourt aura la texture et la consistance d'un fromage frais. Retirer le yaourt de la mousseline et le mettre dans une terrine.

3 Prélever 1 cuil. à soupe de la préparation, façonner en forme de boulette et disposer sur un grand plateau. Répéter l'opération jusqu'à épuisement de la préparation de façon à obtenir environ 18 boulettes. Couvrir le plateau et réfrigérer 3 h, jusqu'à ce que les boulettes soient fermes.

4 Disposer les boulettes dans un bocal bien propre et sec de 1 l avec les feuilles de laurier, le thym frais et les brins d'origan. Remplir le bocal d'huile d'olive. Fermer le bocal et réfrigérer jusqu'à une semaine. Porter à température ambiante avant de servir.

Verser le yaourt sur la mousseline et fermer.

Façonner la préparation et disposer sur un grand plateau.

Disposer les boulettes dans un bocal avec les herbes aromatiques.

Tabbouleh (Salade libanaise de boulgour au persil)

PRÉPARATION : 20 minutes + 1 h 30 de trempage + 30 minutes de pause
CUISSON : Aucune
POUR 6 personnes

130 g de boulgour
3 grosses tomates mûres (300 g)
1 concombre télégraphe
4 oignons verts, émincés
120 g de persil plat frais haché
10 g de menthe fraîche, hachée

Assaisonnement
80 ml de jus de citron
60 ml d'huile d'olive
1 cuil. d'huile d'olive vierge extra

1 Mettre le boulgour dans une terrine, mouiller avec 500 ml d'eau et laisser tremper 1 h 30.

2 Couper les tomates en deux, retirer une partie des pépins et découper en dés de 1 cm. Couper le concombre dans le sens de la longueur, retirer les pépins à l'aide d'une cuillère et découper en dés de 1 cm.

3 Pour préparer l'assaisonnement, mélanger soigneusement le jus de citron et 1 cuil. à café 1/2 de sel dans un bol. Assaisonner de poivre noir fraîchement moulu et incorporer délicatement l'huile d'olive et l'huile d'olive vierge extra.

4 Égoutter le boulgour et presser pour retirer l'excédent d'eau. Étaler le boulgour sur un torchon propre ou sur du papier absorbant et laisser sécher 30 min. Mettre le boulgour dans un grand saladier, ajouter les tomates, le concombre, les oignons verts, la menthe et le persil. Verser l'assaisonnement sur le boulgour et bien mélanger. Servir avec du pain frais.

Incorporer huile d'olive et huile vierge extra dans le jus de citron.

Égoutter le boulgour et presser pour retirer l'excédent de liquide.

Mélanger tous les ingrédients avant d'ajouter l'assaisonnement.

Hamad M'rakad (Citrons confits)

PRÉPARATION : 1 heure
+ 6 semaines de macération
CUISSON : Aucune
POUR un bocal de 2 litres

8 à 12 petits citrons à peau fine
315 g de gros sel
500 ml de jus de citron (8 à 10 citrons)
1/2 cuil. à café de grains de poivre noir
1 feuille de laurier
1 cuil. à soupe d'huile d'olive

1 Brosser les citrons sous l'eau chaude courante avec une brosse douce pour retirer toute trace de cire. Couper en quartiers, en les laissant tenus par la base. Ouvrir légèrement chaque citron, retirer les membranes accessibles et tasser 1 cuil. à soupe de gros sel entre les quartiers. Refermer les citrons et les tasser dans un bocal de 2 l muni d'un couvercle. (Les citrons doivent être bien tassés dans le bocal et le remplir complètement. Leur nombre variera en fonction de leur taille.)

2 Ajouter 250 ml de jus de citron, le poivre, le laurier et les reste de gros sel dans le bocal. Remplir le bocal jusqu'en haut avec le jus de citron restant. Fermer et secouer le bocal pour que les ingrédients se mélangent. Laisser reposer dans un endroit frais et sombre pendant 6 semaines, en retournant le bocal toutes les semaines. (Par temps chaud, conserver au réfrigérateur.)

3 Pour vérifier que les citrons sont prêts à être consommés, couper l'un d'entre eux. Si les membranes sont encore blanches, c'est que les citrons ne sont pas prêts. Refermer le bocal et laisser reposer encore une semaine avant d'essayer de nouveau. L'écorce des citrons doit être tendre et les membranes de la même couleur que l'écorce.

4 Lorsque les citrons sont prêts, couvrir la saumure d'une couche d'huile d'olive. Compléter avec de l'huile d'olive après utilisation d'un ou plusieurs citrons.

Couper les citrons en quartiers, en les laissant tenus par la base.

Tasser le gros sel entre les quartiers de chaque citron.

Remplir le bocal jusqu'en haut avec le reste de jus de citron.

Kalamaria Toursi (Calmars en saumure)

PRÉPARATION : 25 minutes
+ 1 semaine de macération
CUISSON : 5 minutes
POUR 4 personnes

1 kg de petits calmars
4 feuilles de laurier frais
4 brins d'origan frais
10 grains de poivre noir
2 cuil. à café de graines de coriandre
1 petit piment rouge, coupé en deux et épépiner
625 ml de vinaigre de vin blanc de bonne qualité
2 à 3 cuil. à soupe d'huile d'olive

1 Tenir le corps des calmars dans une main et les tentacules et la tête de l'autre, et tirer pour dissocier les deux parties. Séparer les tentacules et la tête en coupant sous les yeux. Jeter la tête. Tirer sur le bec et le retirer. Retirer la plume du corps et la jeter. Retirer la peau des calmars sous l'eau froide courante. Couper les calmars en anneaux de 7 mm d'épaisseur.

2 Mettre 2 l d'eau et 1 feuille de laurier dans une grande casserole. Porter à ébullition, y plonger les calmars et ajouter 1 cuil. à café de sel. Réduire le feu et laisser frémir 5 min. Égoutter et sécher soigneusement.

3 Mettre les calmars dans un bocal très propre et sec muni d'un couvercle, en tassant bien. Ajouter l'origan, les grains de poivre, les graines de coriandre, le piment et le reste de feuilles de laurier. Couvrir complètement avec le vinaigre, puis verser délicatement suffisamment d'huile d'olive pour que le niveau de l'huile dépasse de 2 cm celui des calmars. Fermer le bocal et réfrigérer 1 semaine avant utilisation.

Parer les calmars, retirer le bec et la plume.

Laisser frémir les calmars 5 min, puis les égoutter.

Remplir le bocal d'huile d'olive et bien recouvrir les calmars.

Calzone aux olives, aux câpres et aux anchois

PRÉPARATION : 35 minutes
+ 1 h 45 de pause
CUISSON : 15 minutes
POUR 4 personnes

1 cuil. à soupe de sucre en poudre
7 g de levure de boulanger déshydratée
540 g de farine
3 cuil. à soupe d'huile d'olive
polenta, pour saupoudrer

Farce

2 cuil. à soupe d'huile d'olive
200 g de mozzarella, coupée en dés de 1 cm
2 tomates moyennes, jus égoutté et coupées en dés de 1 cm
1é feuilles de basilic, ciselées
20 olives noires dénoyautées
2 cuil. à café de petites câpres
12 filets d'anchois à l'huile, coupés en tronçons de 2 cm

1 Mettre le sucre, la levure et 80 ml d'eau chaude dans une jatte. Laisser reposer 15 min près d'une source de chaleur, jusqu'à ce que le mélange mousse. Si ce n'est pas le cas après 5 min, cela signifie que la levure est inactive et il faut répéter l'opération.

2 Tamiser la farine dans une grande jatte avec 1/2 cuil. à café de sel. Ajouter le mélange de levure, l'huile d'olive et 170 ml d'eau chaude. Mélanger à l'aide d'une cuillère en bois jusqu'à obtention d'une pâte grossière. Rouler la pâte sur un plan de travail légèrement fariné et pétrir jusqu'à obtention d'une pâte lisse, encore humide mais non collante. Rajouter un peu de farine ou d'eau chaude si c'est nécessaire. Pétrir 15 à 20 min jusqu'à ce que la pâte soit souple et que la marque d'un doigt imprimée dessus disparaisse.

3 Huiler les parois d'une grande jatte avec de l'huile d'olive. Y rouler la boule de pâte pour l'enduire d'huile, puis, à l'aide d'un couteau, pratiquer une entaille peu profonde en forme de croix. Couvrir la jatte avec un torchon et laisser lever jusqu'à 1 h 30 près d'une source de chaleur, jusqu'à ce que la pâte ait doublé de volume.

Laisser reposer le mélange de levure près d'une source de chaleur.

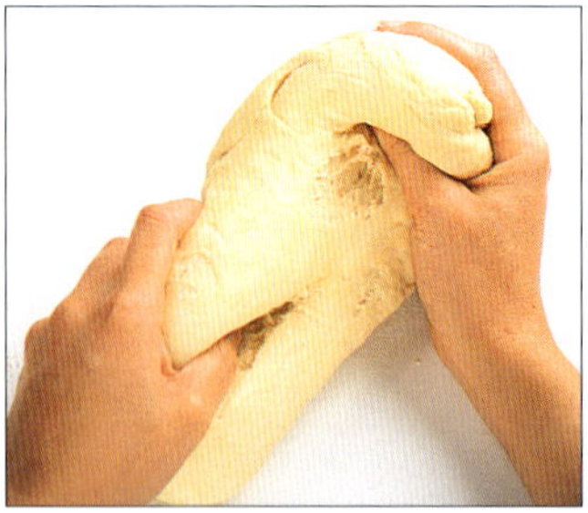

Pétrir la pâte jusqu'à ce qu'elle soit lisse.

Poser la pâte sur un plan de travail fariné et la diviser en deux.

4 Préchauffer le four à 230 °C (th. 7-8). Huiler légèrement deux plaques à pâtisserie et les saupoudrer de polenta. Travailler un peu la pâte pour éliminer les poches d'air et place sur un plan de travail légèrement fariné. Diviser la pâte en deux. À cette étape, une partie ou les deux peuvent être congelées pour être utilisées plus tard. Façonner une partie de la pâte en forme de boule. Abaisser en un cercle de 25 cm de diamètre. Avec la paume de la main, aplatir encore la pâte à partir du centre jusqu'à ce que cercle mesure 32 cm de diamètre. Transférer le cercle de pâte sur la plaque à pâtisserie. Badigeonner légèrement la surface avec de l'huile d'olive.

5 Répartir la moitié de la mozzarella sur la moitié de la pâte jusqu'à 1 cm du bord extérieur. Disposer la moitié de la tomate et du basilic sur le fromage, et assaisonner de sel et de poivre noir fraîchement moulu. Répartir la moitié des olives, des câpres et des anchois. Replier la seconde partie de la pâte sur la garniture pour former un chausson. Presser fermement les bords et les roulotter avec les doigts pour bien les sceller et enfermer la farce. Badigeonner le calzone avec de l'huile d'olive. Répéter l'opération avec le reste de pâte et de farce, pour confectionner le second calzone. Cuire au four 10 à 15 min, jusqu'à ce qu'ils soient gonflés et dorés.

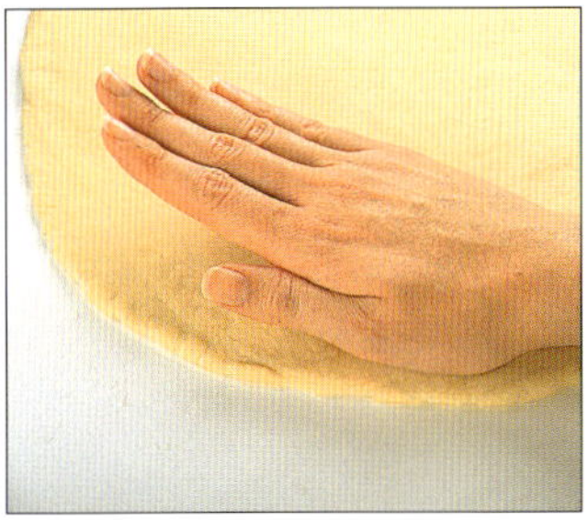

Abaisser la pâte avec la main en un cercle de 32 cm de diamètre.

Répartir la moitié de la farce d'un côté de la pâte.

Presser fermement les bords du calzone et les roulotter.

Sardines farcies

PRÉPARATION : 30 minutes
CUISSON : 30 minutes
POUR 6 personnes

750 g de sardines fraîches
2 cuil. à café d'huile d'olive
100 g de filet de cabillaud, ou autre poisson blanc à chair ferme
600 g de crevettes moyennes, cuites, décortiquées et déveinées
45 g de riz arborio cuit
3 gousses d'ail, hachées
1 cuil. à soupe de menthe fraîche finement hachée
1 cuil. à soupe de ciboulette fraîche finement hachée
1 cuil. à soupe de basilic frais finement haché
2 cuil. à soupe de parmesan râpé
2 cuil. à café de jus de citron
1 œuf, légèrement battu
3 cuil. à soupe de chapelure fraîche
2 cuil. à soupe d'huile d'olive
huile d'olive supplémentaire, pour servir
jus de citron supplémentaire, pour servir

1 Préchauffer le four à 180 °C (th. 6). Graisser légèrement un plat à gratin peu profond de 30 x 25 cm.

Retirer la tête, la queue et les nageoires des sardines. Pratiquer une incision le long du ventre et retirer les viscères et l'arête dorsale. Rincer et sécher. Ouvrir à plat 24 sardines et les disposer sur un plan de travail, peau en dessous. Hacher finement les autres sardines et les mettre dans une terrine.

3 Faire chauffer l'huile dans une poêle, ajouter le cabillaud et cuire à feu moyen à vif 4 à 5 min de chaque côté, jusqu'à ce qu'il soit cuit. Ne pas faire dorer. Émietter et ajouter au hachis de sardines. Hacher les crevettes et incorporer au hachis de poisson avec le riz, l'ail, la menthe, la ciboulette, le basilic, le parmesan et le jus de citron. Mélanger, saler et poivrer, et incorporer l'œuf.

4 Disposer 12 sardines côte à côte dans le plat à gratin, peau en dessous. Répartir la farce sur les sardines. Couvrir la farce avec les autres sardines. Parsemer de chapelure et arroser d'huile d'olive. Rôtir au four 20 à 25 min, jusqu'à ce que les sardines soient dorées. Arroser d'huile et de jus de citron, et servir.

Pratiquer une incision le long du ventre avec un couteau tranchant.

Retirer les viscères et l'arête dorsale, puis rincer à l'eau froide.

Disposer les sardines restantes sur la farce, peau au-dessus.

Parmigiana di Melanzane (Aubergines rôties à la mozzarella)

PRÉPARATION : 20 minutes
CUISSON : 40 minutes
POUR 6 personnes

6 aubergines fines et longues
80 ml d'huile d'olive
1 cuil. à café d'huile d'olive supplémentaire
2 oignons, finement hachés
2 gousses d'ail, hachées
400 g de tomates concassées en boîte
1 cuil. à soupe de concentré de tomates
3 cuil. à soupe de persil plat frais haché
1 cuil. à soupe d'origan frais haché
1 cuil. à café de sucre
125 g de mozzarella, émiettée

1 Préchauffer le four à 180 °C (th. 6). Couper les aubergines en deux dans le sens de la longueur. Pratiquer des entailles en forme de croix sur la pulpe, en veillant à ne pas percer la peau. Faire chauffer la moitié de l'huile dans une poêle, mettre la moitié des aubergines et faire revenir 2 à 3 min de chaque côté, jusqu'à ce que la pulpe soit tendre. Retirer les aubergines et répéter avec le reste d'huile et d'aubergines. Laisser tiédir et creuser les aubergines en laissant 2 mm de pulpe sur la peau. Hacher la pulpe retirée et réserver les coques.

2 Dans la même poêle, faire chauffer l'huile supplémentaire et faire revenir l'oignon 5 min à feu moyen. Ajouter l'ail et faire revenir 30 sec, puis ajouter les tomates, le concentré de tomates, les herbes, le sucre et la pulpe d'aubergine, et laisser cuire 8 à 10 min à feu doux, en remuant de temps en temps, jusqu'à ce que la sauce soit épaisse. Saler et poivrer.

3 Disposer les aubergines dans un plat à gratin légèrement huilé et les remplir avec la sauce tomate. Parsemer de mozzarella et cuire au four 5 à 10 min, jusqu'à ce que le fromage soit fondu.

Pratiquer des entailles en forme de croix sur la pulpe des aubergines.

Évider les demi-aubergines en laissant 2 mm de pulpe sur la peau.

Remplir les coques d'aubergine avec la sauce tomate.

Olives marinées

LES OLIVES CASSÉES SONT DES OLIVES SUR LESQUELLES ON A PRATIQUÉ UNE LÉGÈRE ENTAILLE À L'AIDE D'UN COUTEAU TRANCHANT AFIN QU'ELLES S'IMPRÈGNENT D'ARÔMES PARTICULIERS. POUR STÉRILISER LES BOCAUX, LES RINCER À L'EAU BOUILLANTE PUIS LES FAIRE SÉCHER DANS UN FOUR TIÈDE. AU RÉFRIGÉRATEUR, L'HUILE SE SOLIDIFIE, IL FAUT DONC LES SORTIR 30 MIN AVANT UTILISATION.

OLIVES VARIÉES AUX HERBES

Mettre 200 g de petites olives noires (niçoises), 200 g d'olives vertes cassées, 200 g d'olives kalamata cassées, 1 cuil. à soupe de feuilles d'origan frais, 3 brins de thym frais, 2 feuilles de laurier, 1 cuil. à café de paprika et 2 cuil. à soupe de zeste de citron dans une terrine et bien mélanger. Verser le mélange dans un bocal à large col de 1 l stérilisé et compléter avec 450 ml d'huile d'olive. Laisser mariner 1 à 2 semaines au réfrigérateur. Se conserve jusqu'à un mois au réfrigérateur.

OLIVES PIMENTÉES

Faire tremper 3 gousses d'ail finement émincées 24 h dans du vinaigre ou du jus de citron. Égoutter et mélanger avec 500 g d'olives noires salées, 3 cuil. à soupe de persil plat frais haché, 1 cuil. à café de flocons de piments, 3 cuil. à café de graines de coriandre pilées et 2 cuil. à café de graines de cumin pilées. Verser le mélange dans un bocal à large col de 1 l stérilisé et compléter avec 500 ml d'huile d'olive. Laisser mariner 1 à 2 semaines au réfrigérateur. Se conserve jusqu'à un mois.

OLIVES FARCIES AUX ANCHOIS AU CITRON CONFIT

Dans une terrine, mélanger 500 g d'olives farcies aux anchois avec l'écorce lavée et émincée de 1/2 citron confit (membrane et pulpe retirées), 2 cuil. à soupe de liquide de marinade des citrons et 1 cuil. à soupe de graines de coriandre. Verser le mélange dans un bocal à large col de 1 l stérilisé et compléter avec 500 ml d'huile d'olive. Laisser mariner 1 à 2 semaines au réfrigérateur. Se conserve jusqu'à un mois au réfrigérateur.

OLIVES AU CITRON, AU THYM ET AU ROMARIN

Faire tremper 3 gousses d'ail finement émincées 24 h dans du vinaigre ou du jus de citron. Égoutter et mélanger avec 500 g d'olives kalamata cassées, 2 feuilles de laurier concassées, 4 rondelles de citron coupées en quatre, 3 brins de thym frais, 1/2 cuil. à café de grains de poivre noir et 60 ml de jus de citron. Verser le mélange dans un bocal à large col de 1 l stérilisé et compléter avec 500 ml d'huile d'olive. Laisser mariner 1 à 2 semaines au réfrigérateur. Se conserve jusqu'à un mois au réfrigérateur.

OLIVES À LA CORIANDRE ET À L'ORANGE

Mettre 500 g de grosses olives vertes dans une grande terrine et ajouter 2 cuil. à café de graines de coriandre pilées dans un mortier, 3 cuil. à café de zeste d'orange, 1/4 de cuil. à café de poivre de Cayenne, 3 cuil. à soupe de feuilles de coriandre fraîche hachées, et bien mélanger. Verser délicatement le mélange dans un bocal à large col de 1 l stérilisé et compléter avec 500 ml d'huile d'olive. Laisser mariner 1 à 2 semaines au réfrigérateur. Se conserve jusqu'à un mois au réfrigérateur.

OLIVES AU FENOUIL, À L'ORANGE ET À L'ANETH

Faire tremper 2 gousses d'ail finement émincées 24 h dans du vinaigre ou du jus de citron. Égoutter et mélanger avec 500 g d'olives noires cassées, 4 fines rondelles d'orange coupées en quatre, 2 cuil. à café de graines de fenouil pilées dans un mortier et 2 cuil. à soupe d'aneth frais haché, et bien mélanger. Verser le mélange dans un bocal à large col de 1 l stérilisé et compléter avec 500 ml d'huile d'olive. Laisser mariner 1 à 2 semaines au réfrigérateur. Se conserve jusqu'à un mois au réfrigérateur.

Murdoch Books Australia
Pier 8/9, 23 Hickson Road, Millers Point NSW 2000
Tél: +61 (2) 8220 2000 Fax: +61 (2) 8220 2558

Murdoch Books UK Limited
Erico House, 6th Floor North, 93-99 Upper Richmond Road, Putney, London SW15 2TG
Tél: +44 (0) 20 8785 5995 Fax: +44 (0) 20 8785 5985

Titre original : *MÉZÉ & Tapas*

FIOREDITIONS

Via Cassia, 1136
00189 Rome – Italie
Tél. : + 39 (0)6 30 36 28 98
Fax : + 39 (0)6 30 36 14 13

Réalisation : InTexte Édition, Toulouse

ISBN : 88-7525-025-1

Imprimé en Chine